CATALOGUE

DE

TABLEAUX ANCIENS

AYANT APPARTENU A UNE GRANDE FAMILLE D'ITALIE

PARMI LESQUELS

TROIS PORTRAITS PAR F. PORBUS

Marie de Médicis — Louis XIII
Henriette de France

DONT LA VENTE AURA LIEU

HOTEL DROUOT, SALLE N° 5

Le Samedi 21 Mars 1863

A DEUX HEURES ET DEMIE

Par le ministère de Mᵉ **CHARLES PILLET**, Commissaire Priseur,
rue de Choiseul, 11,

Assisté de M. Ferdinand **LANEUVILLE**, rue Neuve-des-Mathurins, 73,

Chez lesquels se distribue le présent Catalogue.

EXPOSITION PUBLIQUE

Le Vendredi 20 Mars 1863, de une heure à cinq heures,
et le jour de la vente jusqu'à 2 heures.

CONDITIONS DE LA VENTE

Elle sera faite au comptant.

Les adjudicataires payeront *cinq pour cent* en sus des enchères,
applicables aux frais.

Paris. — Imp. PILLET fils aîné, rue des Grands-Augustins, 5.

Vente du Samedi 21 Mars 1863

TABLEAUX ANCIENS

AYANT APPARTENU A UNE GRANDE FAMILLE D'ITALIE

PARMI LESQUELS

TROIS PORTRAITS PAR F. PORBUS

Marie de Médicis — Louis XIII
Henriette de France

M^e Ch. PILLET, Commissaire-Priseur

M. Ferd. LANEUVILLE, Expert

PARIS. IMPRIMERIE DE PILLET FILS AINÉ

Rue des Grands-Augustins, 5.

AVERTISSEMENT

Nous avons conservé, ou peu modifié les attributions don-
nées dans la galerie dont ils faisaient partie, aux tableaux que
nous offrons en vente. Ils proviennent d'une de ces collections
dont les palais des grands seigneurs italiens sont généralement
ornés, mais que les malheurs du temps dispersent chaque
jour. Nous avons cru devoir nous dispenser, dans le cours du
catalogue, de ces épithètes louangeuses dont trop souvent on
abuse ; mais nous pouvons dire ici, qu'il est peu de tableaux
qui n'aient un mérite réel, celui d'appartenir à la grande peinture d'école. Les spécimens en sont très-variés, eu égard à leur
petit nombre ; nous croyons toutefois pouvoir recommander à
l'attention des amateurs :

Les trois portraits de Porbus ;

La Nymphe endormie, de Pâris Bordone ;

Le Page au chien, de Valasquez ;

La Mère de famille, par Cignani ;

Les deux paysages de Pannini :

Les deux Bonifaccio ;

Le paysage *Soleil couchant*, de Bartholomé Bremberg ;

Le Diogène, par Luca Giordano.

TABLEAUX

PORBUS (François)

1 — Portrait de Marie de Médicis, veuve de
  Henri IV.

Elle est représentée à mi-corps, assise sur un siége
clouté d'argent et tapisssé de noir ; son vêtement, de
même couleur, est rehaussé par le blanc de la collerette
et des manchettes faites de linge sans aucune broderie.
On serait tenté de croire que Van Dyck s'est inspiré de
ce portrait en peignant les nobles Génoises et les dames
de la cour d'Angleterre.

Il est signé : F. PURBIS. CRISTIANISS (imæ) MA
(jestatis) PICTOR FACIEBAT. AN. 1616.

Dimension, 1 mètre 76 cent.

PORBUS (François)

2 — Portrait du roi de France Louis XIII.

Il est représenté à mi-corps, la main droite appuyée sur un bâton de commandement, la gauche posant sur un casque doré placé sur une table recouverte d'une housse en velours cramoisi. Son justaucorps, ses trousses de satin blanc sont richement brodés en or. Son costume, de l'époque de Henri IV, n'en diffère que par la collerette et les manchettes, qui sont en dentelle dite *point coupé;* la figure se détache sur un rideau drapé en étoffe cramoisie.

Il est sign. comme celui de sa mère.

Dimension, 1 mètre 76 cent.

PORBUS (François)

3 — Portrait vu à mi-corps d'Anne d'Autriche.

(Ces trois portraits furent faits l'année de son mariage avec Louis XIII.)

Elle est âgée de treize ans et représentée dans un grand costume d'apparat; sa robe est de satin blanc richement brodée d'or et ornée de bijoux; sa collerette et ses manchettes sont en point coupé du travail le plus fin; de la main gauche elle touche l'extrémité d'une jolie croix suspendue à son col. Elle se détache sur un fond d'étoffe cramoisie.

Ce portrait est signé par les deux œuvres précédentes, le faire en étant exactement le même.

Dimension, 1 mètre 76 cent.

BORDONE (Paris)

4 — Nymphe couchée et endormie sur un lit.

Deux satyres ont entr'ouvert les rideaux et passent leur tête pour la contempler.

Le reste du tableau est rempli par un fond de paysage dans le style giorgionesque.

Dimension, 1 mètre 85 cent. sur 1 mètre 35 cent.

BONIFACCIO BEMBI.

5 — La Cène.

L'artiste a plusieurs fois traité ce sujet, mais avec moins de bonheur. Ce tableau est peint dans sa manière la plus titianesque.

Dimension, 2 mètres 25 cent. sur 1 mètre 25 cent

BONIFACCIO BEMBI.

6 — Mariage mystique de sainte Catherine.

La Vierge, l'enfant Jésus, le petit saint Jean, sainte Élisabeth et sainte Catherine; au second plan, saint Joseph.

Traité à la fois dans la manière du Titien et du vieux Palme.

Dimension, 1 mètre 60 cent. sur 1 mètre 12 cent.

DIEGO VELASQUEZ DI SILVA (attribué à)

7 — Portrait d'un chien de l'espèce la plus grande des *Dogues*.

Il occupe toute la toile en largeur; un page vêtu de rouge et masqué en partie par l'animal, le retient par la laisse de son collier d'argent sur lequel est représentée l'arme des Médicis; les deux figures se détachent sur un ciel nuageux; le bas du tableau est occupé par des lointains de paysage.

Dimension, 1 mètre 65 sur 1 mètre 35 cent.

CARLO CIGNIANI

8 — La Mère de famille.

Une jeune et belle femme coiffée d'un turban et dra-
pée dans une étoffe orientale allaite un enfant, qui quitte
son sein pour étendre la main vers un bouquet de ce-
rises que son jeune frère tient suspendu au-dessus de
sa tête. Derrière eux un page en livrée rouge tenant un
cédrat.

Tableau dans la manière du Guerchin, auquel, sans
trop hasarder, il pourrait être attribué.

Dimension, 1 mètre 5 cent. sur 85 cent.

SALVIATI (Francesco Rossi).

9 — Apothéose de la Madeleine.

Elle quitte la terre, portée au ciel par des anges.

Dimension, 1 mètre 30 cent. sur 1 mètre.

PANNINI (Giu Paolo)

10 — Vue de Monuments et de ruines antiques, avec un grand nombre de figures mythologiques.

Dimension, 1 mètre 40 cent. sur 72 cent.

PANNINI (Giu Paolo)

11 — Pendant du précédent.

RIBERA (Josué), dit l'Espagnolet

12 — Tête de Marie, mère du Sauveur.

Elle tient un livre de prières.

LUCA GIORDANO

13 — Diogène et Alexandre.

Le philosophe répond au roi de Macédoine qui lui demande ce qu'il peut faire pour lui : *Ote-toi de mon soleil !* Exécuté tout à fait dans la belle manière du Ribera auquel il pourrait être attribué.

Dimension, 1 mètre 55 cent. sur 1 mètre 35 cent.

GIULIO CESARE PROCACINI

14 — Tête de jeune femme.

De grandeur héroïque.

PAOLO VERONESE

15 — Grand buste de femme, style antique, placé sur un acrotère.

Fragment de fresque peint en camaïeu jaune d'or.

PAOLO VERONESE

16 — Figure de femme, vue de dos, et d'un Génie tenant une guirlande de fruits.

Fragment de fresque.

INCONNU

17 — Portraits de toute une famille représentée dans un appartement meublé à la mode du temps (vers 1560).

Des inscriptions au-dessous de chaque personnage indiquent leur nom et leur âge.

CESARE DA SESTO (dit CESARE DA MILANO)

18 — Tête du Sauveur, sur bois.

Peinture dans la manière de Léonard de Vinci, auquel il était attribué.

ZELOTTI (GIOVANNI BATISTA). (ECOLE VÉNITIENNE)

19 — La Vierge, l'Enfant Jésus, sainte Anne.

PAOLO VERONESE (d'après)

20 — Petite esquisse terminée, représentant l'Adoration des Mages.

MORONE (Giovanni Batista). (Ecole Vénitienne)

21 — Grand portrait d'un personnage revêtu d'une armure ciselée et dorée.

ANIELLO FALCONE

22 — Halte de guerriers ou de partisans au milieu de ruines antiques.

ANIELLO FALCONE

23 — Pendant du précédent.

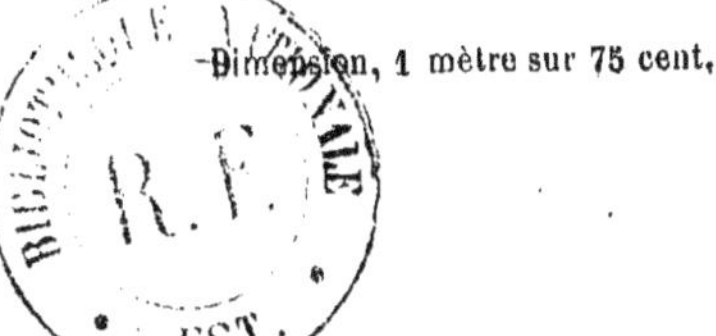

Dimension, 1 mètre sur 75 cent.

ANIELLO FALCONE

24 — Le Rapt des Sabines.

Tableau tout à fait dans la manière du Ribera dont il était l'élève.

Dimension, 1 mètre sur 75 cent.

AZZOLINI (Ludovico da Ferrara)

25 — La Madone et un donataire.

Ce dernier est représenté sous les traits de saint Étienne, sans doute son patron; il est vêtu du costume civil de l'époque (quinzième siècle). Trois cailloux placés sur la tête nimbée du saint indiquent son martyre et sa béatitude.

Dimension, 1 mètre sur 80 cent.

SEBASTIANO DEL PIOMBO (attribué à)

26 — Répétition ou copie sur toile fine du temps de son célèbre tableau du *Christ à la Colonne*.

Dimension, 90 cent. sur 75 cent.

FRANCK FLORE

27 — La Madeleine dans le désert.

Le désert est représenté par un paysage très-riant et rempli de détails précieux ; peinture sur bois.

Dimension, 1 mètre sur 72 cent.

GIORGIO BARBARELLI, élève de JEAN BELLIN

28 — Paysage à figures.

Orphée vient d'obtenir qu'Eurydice lui soit rendue ; mais à peine sur le seuil des enfers il se retourne pour la regarder, et la perd à jamais. Le peintre a naïvement traduit ce moment, en faisant sortir d'un gouffre enflammé deux démons, dont l'un saisit Eurydice par ses vêtements pour l'entraîner. Peint sur bois.

Malgré le peu d'importance de ce tableau, nous lui maintenons son attribution, il a dû servir à décorer un instrument de musique.

Dimension, 48 cent. sur 42 cent.

SEBASTIANO RICCI, (Ecole vénitienne)

29 — Deux paysages en hauteur, avec un grand
nombre de figures tirées de la mythologie.

TIEPOLO (Giovanni Batista)

30 — Esquisse terminée d'un plafond.

TIEPOLO (Giovanni Batista)

31 — Esquisse d'un plafond.

INCONNU

32 — Esquisse d'un plafond.

MARGARITONE D'ARREZZO (attribué à)

(ECOLE TOSCANE PRIMITIVE)

33 — La Madone et plusieurs saints vus à mi-corps.
L'Enfant Jésus est encore vêtu de la toge
romaine, selon la tradition byzantine.

Cet artiste est considéré comme le premier peintre
italien, car les Grecs seuls avaient pratiqué jusqu'à lui
l'art de la peinture en Italie.

Peint sur bois.

Dimension, 94 cent. sur 65 cent.

CRIVELLI (attribué à)

34 — Un Saint et une Sainte sur fond d'or.

Volets de triptyque.

ZUCCHERELLI (Francesco)

35 — Quatre paysages en hauteur avec figures. —
Sujets champêtres dans des bordures con-
tournées.

Peints sur bois, ils ont dû être encastrés dans des
lambris.

BARTOLOME BREMBERG

36 — Paysage.

Le soleil, dont une faible portion du disque se voit
encore, va passer derrière l'horizon, et éclaire de ses
rayons obliques plusieurs groupes de divinités agrestes
qui se sont endormies dans des attitudes lascives. Un
pâtre indiscret les contemple.

Peint sur bois.

Dimension, 65 cent. sur 48 cent.

JEAN MIEL

37 — Halte de voyayeurs devant une osterie.

INCONNU

38 — Concert de musiciens.

Une jeune femme, habillée en blanc, chante sur le premier plan.

Peint sur bois.

INCONNU (peut-être GENTILE DA FABRIANO)

39 — Actéon surprend Diane et ses nymphes au bain.

Un seigneur de l'époque du moyen âge, en attirail de chasse, sort de son castel escorté de toute sa suite et de sa meute ; il arrive en présence de Diane et ses suivantes se baignant dans une piscine. Selon l'usage des peintres d'alors, qui comprenaient plusieurs actions dans un même tableau, la déesse est représentée une seconde fois vêtue en fée, et s'apprêtant à punir le chasseur indiscret.

Peinture sur bois du commencement du quinzième siècle.

INCONNU

40 — Panneau peint, de forme bombée, provenant
d'un coffre de mariage, couvert d'orne-
ments et de figures décoratives.

41 — Sous ce numéro seront vendus plusieurs tableaux non catalogués.